Hachette-BnF s'enrichit d'une nouvelle gamme d'ouvrages en couleurs, fac-similés d'éditions originales publiées jusqu'au début du xxe siècle, sélectionnées parmi des pièces remarquables et rares conservées à la Bibliothèque nationale de France.

Imprimés à la demande, ces ouvrages sont ainsi des reproductions fidèles d'éditions d'œuvres richement illustrées de gravures, peintures ou dessins réalisés par de grands artistes. Les œuvres de cette collection ont été numérisées par la BnF et sont consultables en version numérique sur Gallica.

Pour découvrir tous les titres du catalogue, rendez-vous sur www.hachettebnf.fr

LA

MÈNAGERIE PARISIENNE

PAR

Gustave Doré

PARIS

Au Bureau du JOURNAL POUR RIRE,
Rue Bergère N° 20.

Lith. Vayron rue [illegible] 51 Paris

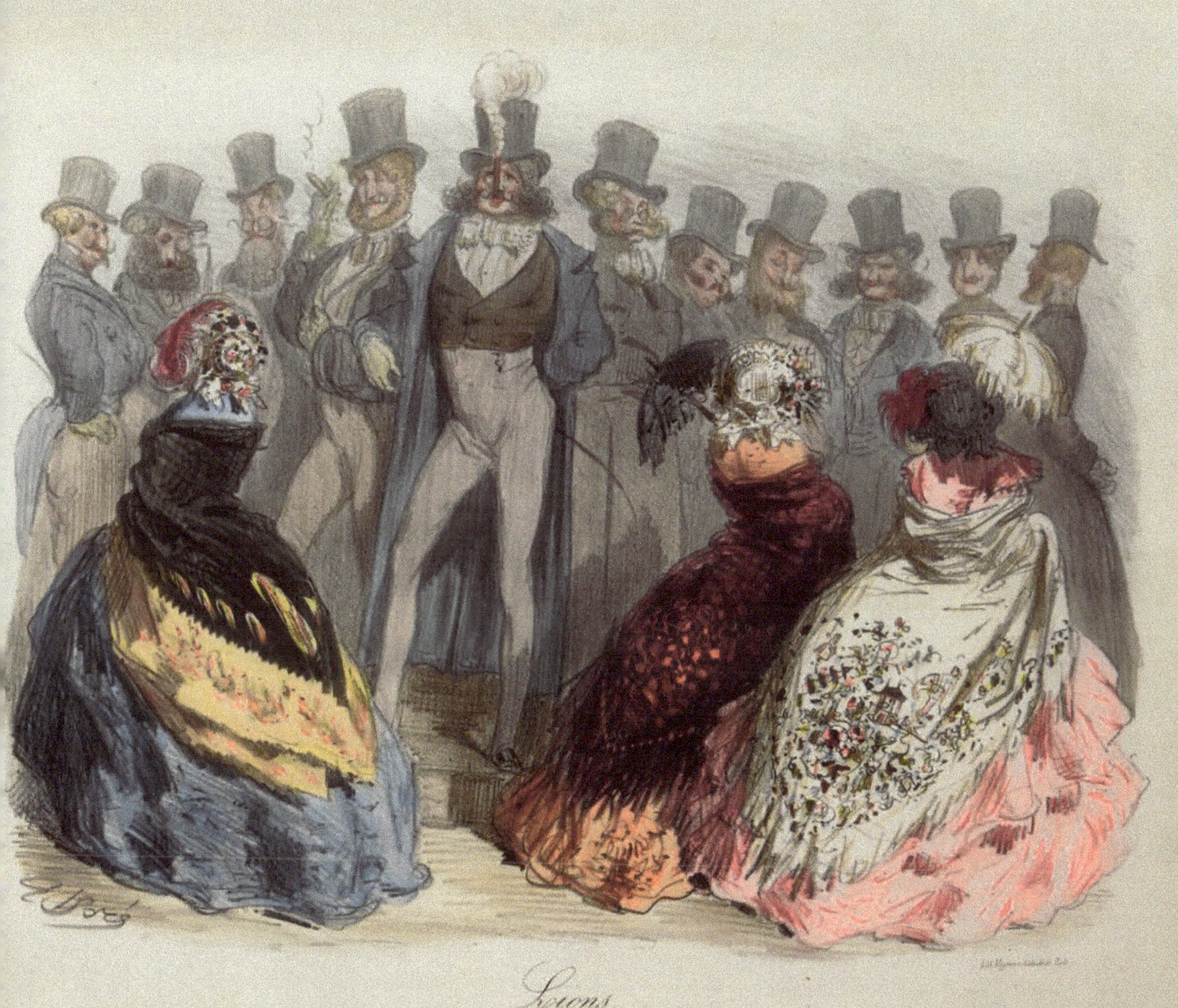

Lions

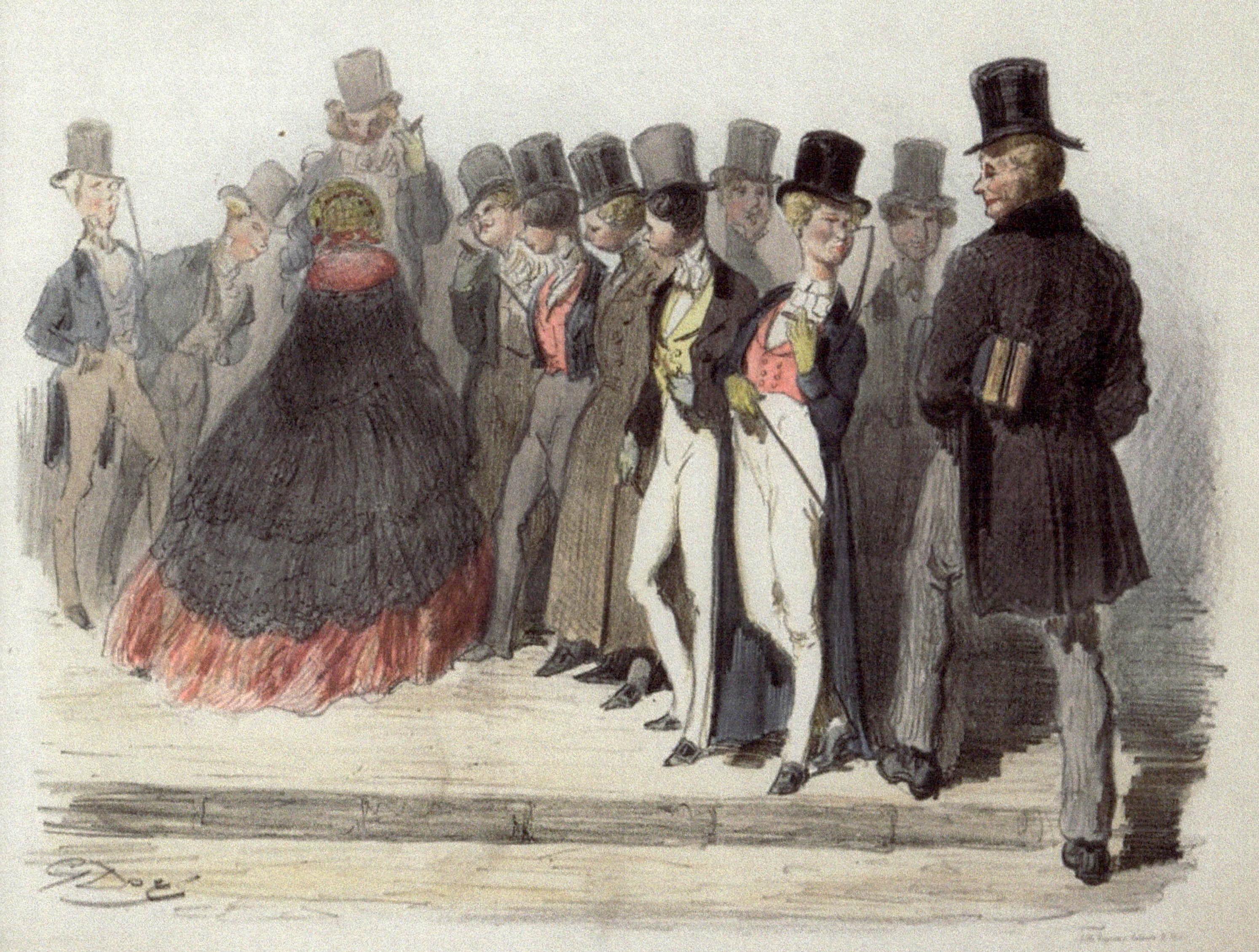

Petits Lions, Lions adultes (alias Lions [illegible])

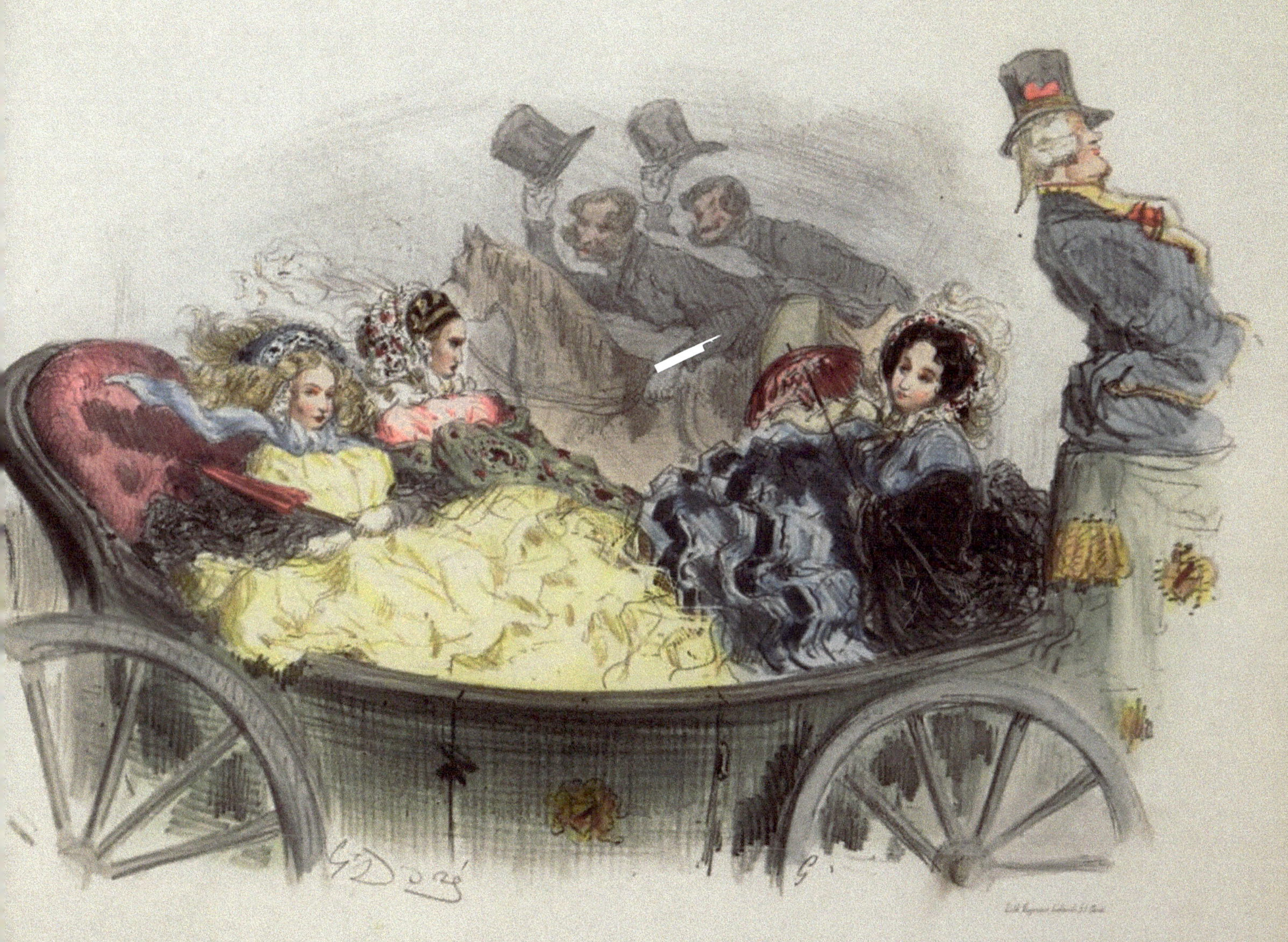

Lionnes.

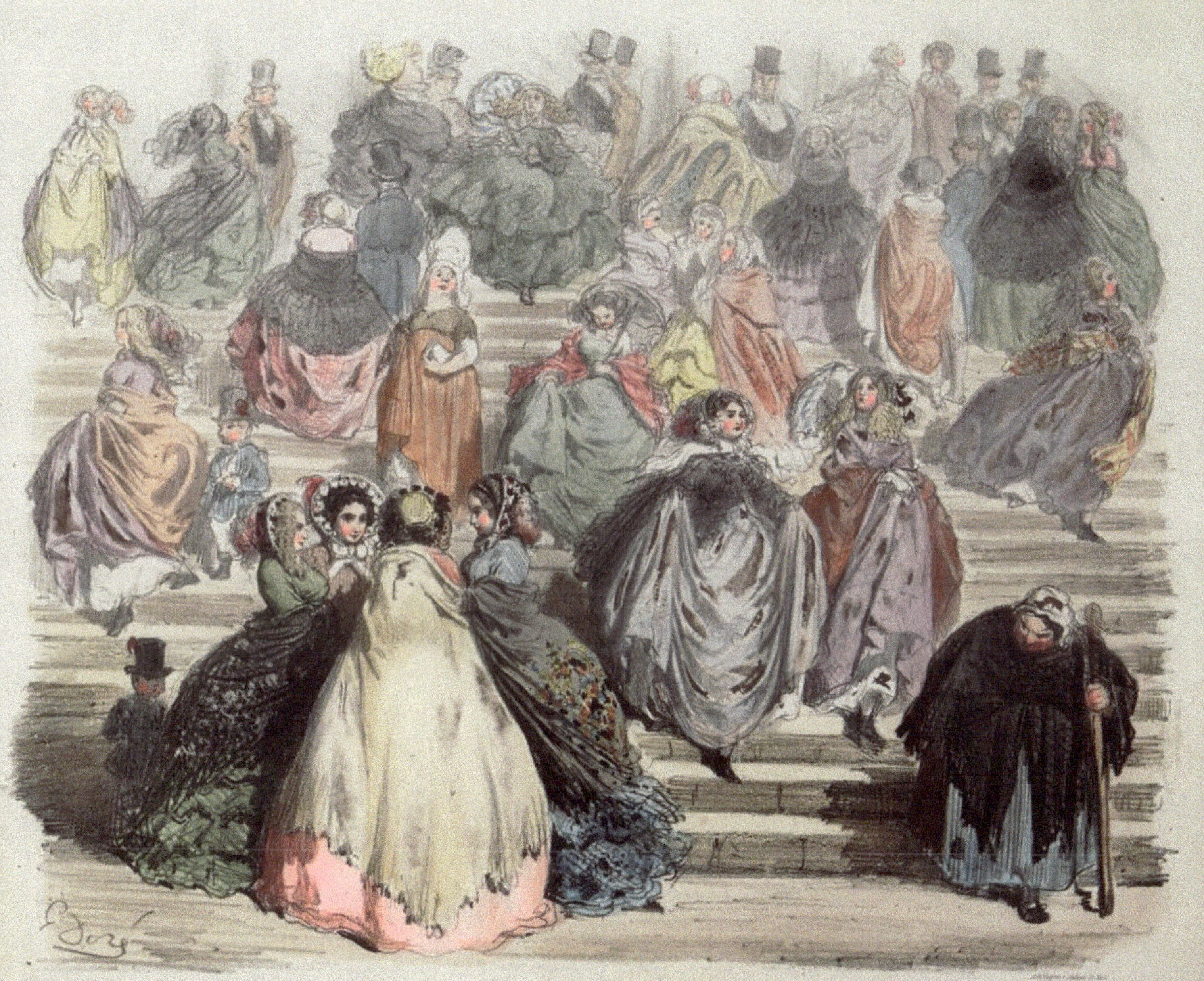

Lionnes

(Sortie de la messe d'1 heure)

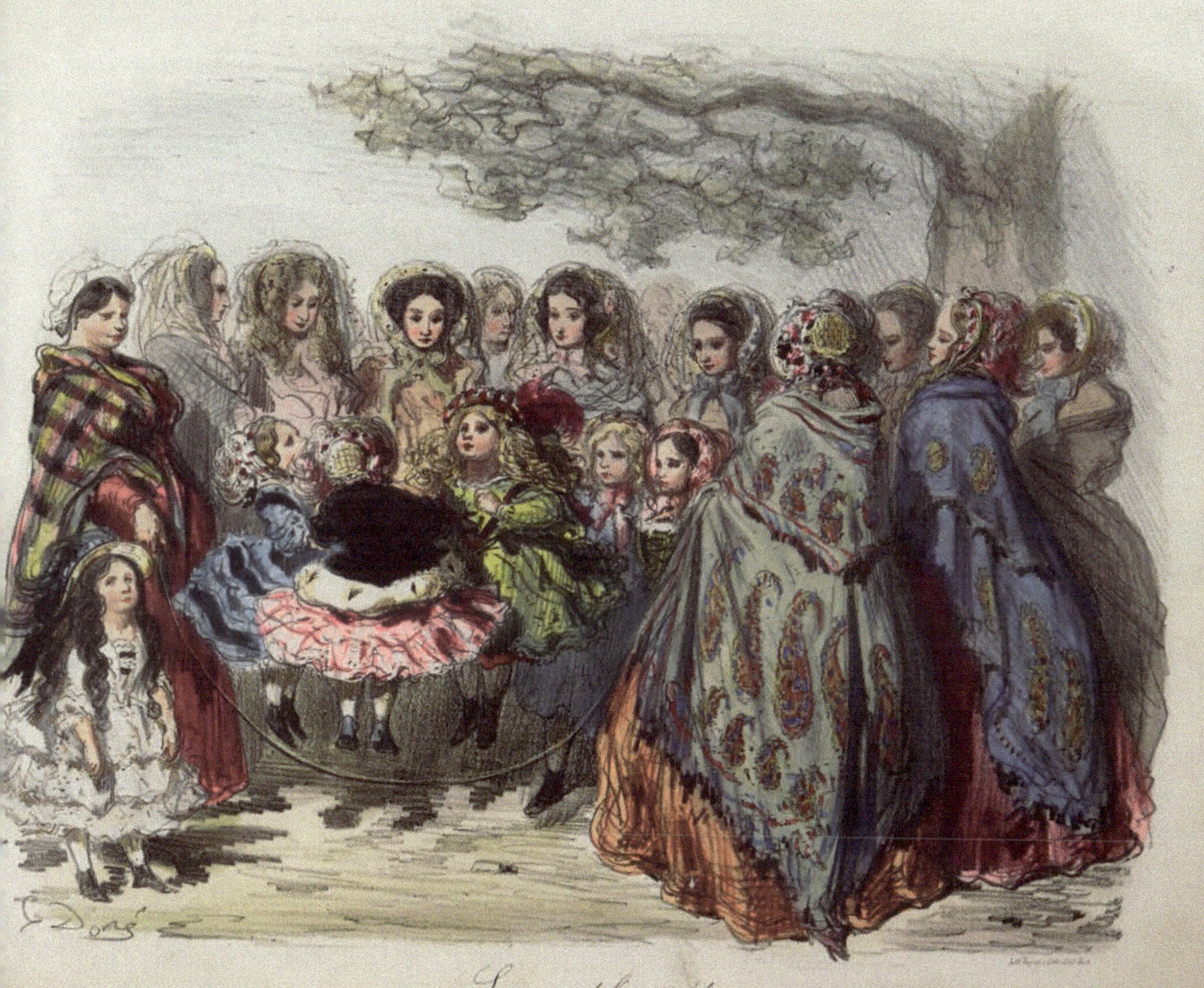

Lionnes et leurs petits

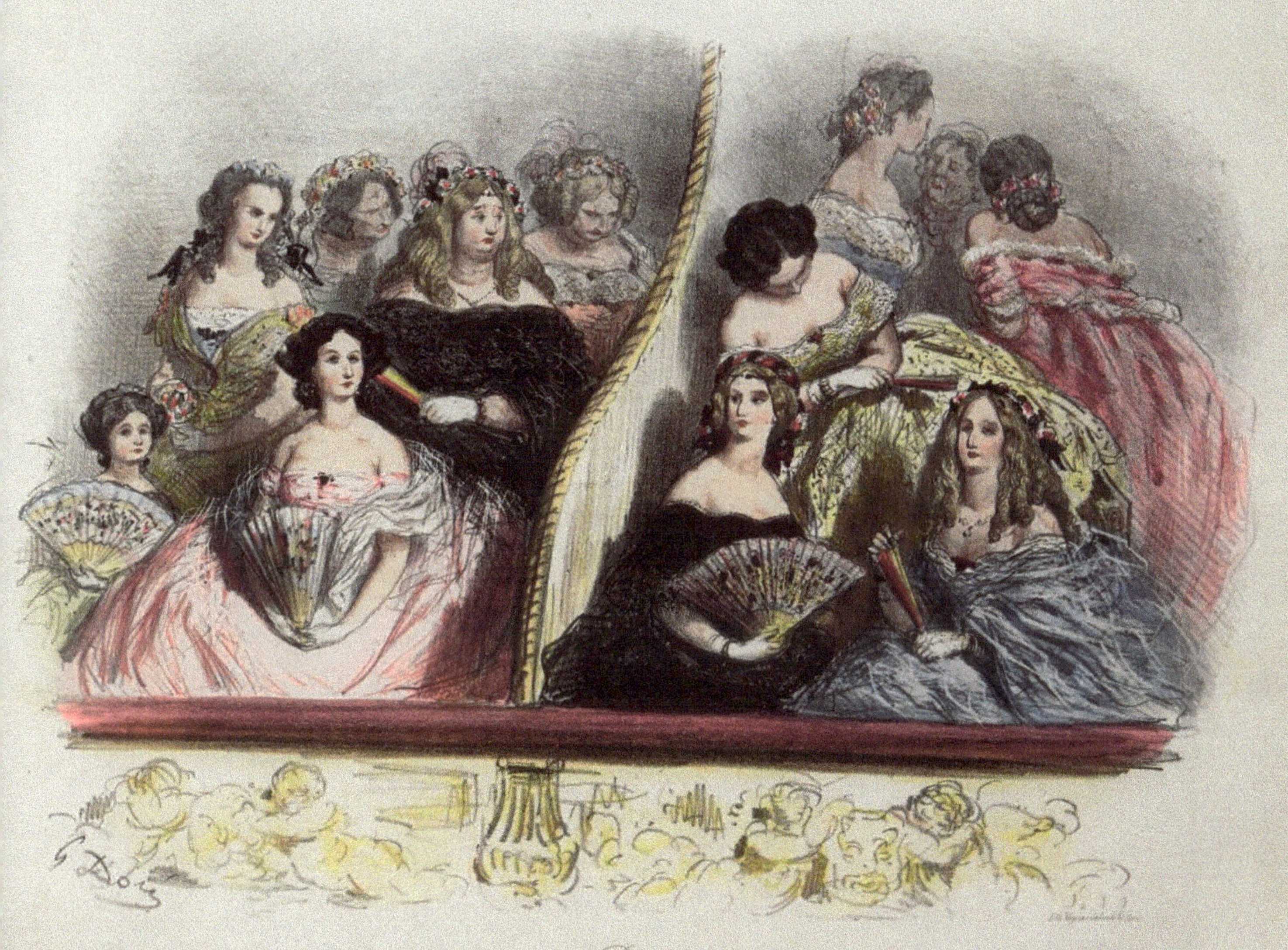

Paons.

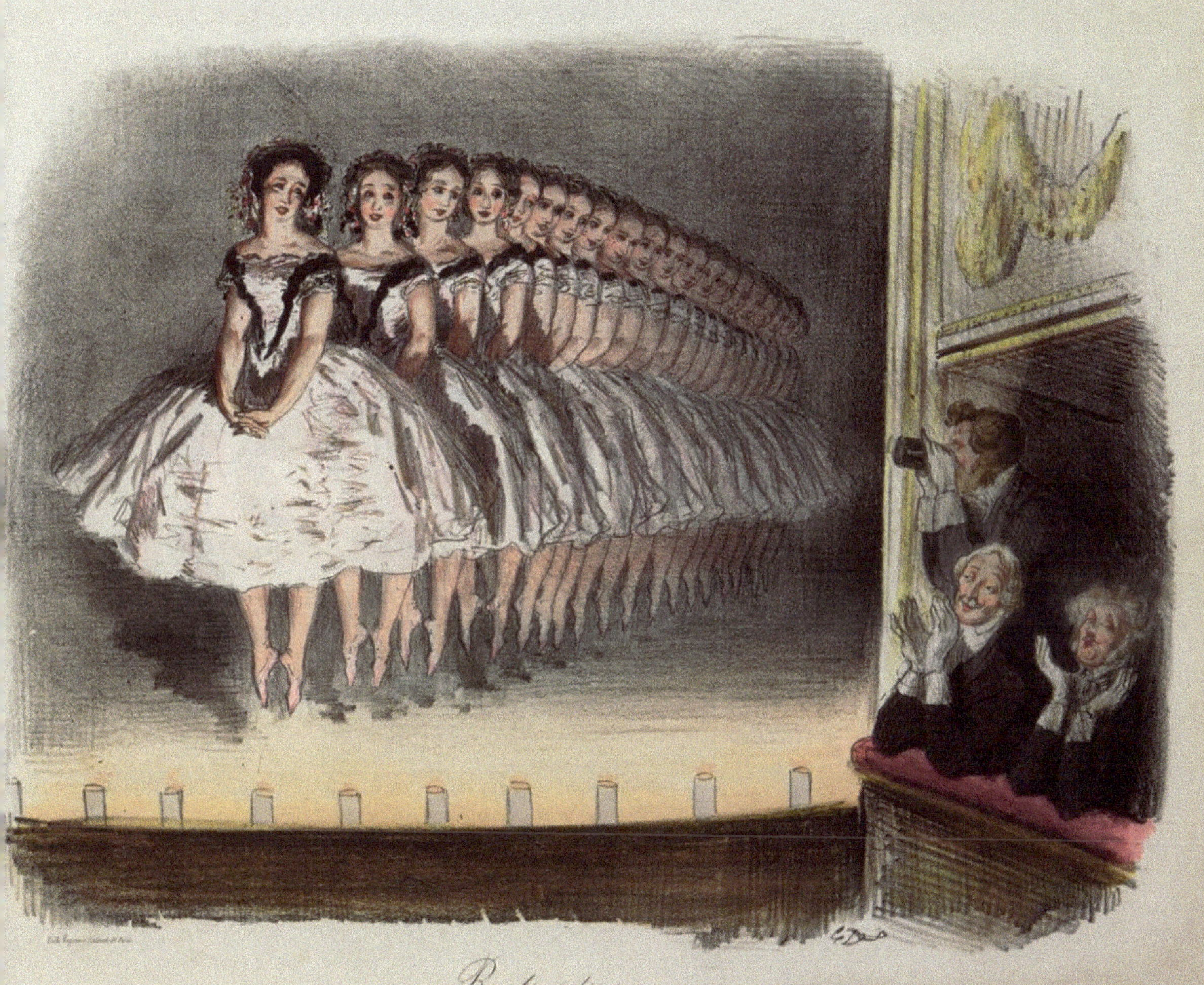

Rats (d'opéra)

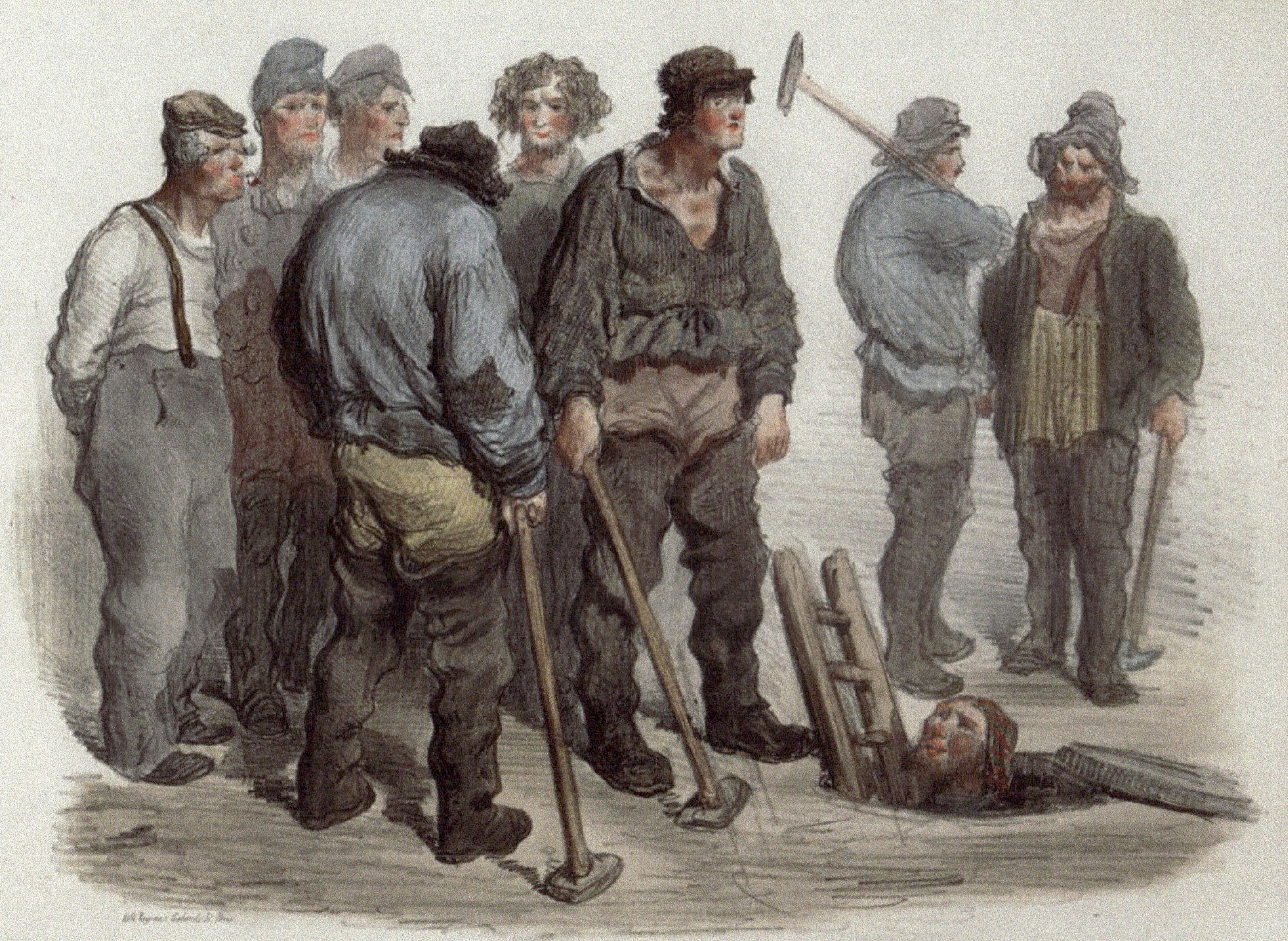

Rats (d'égout)

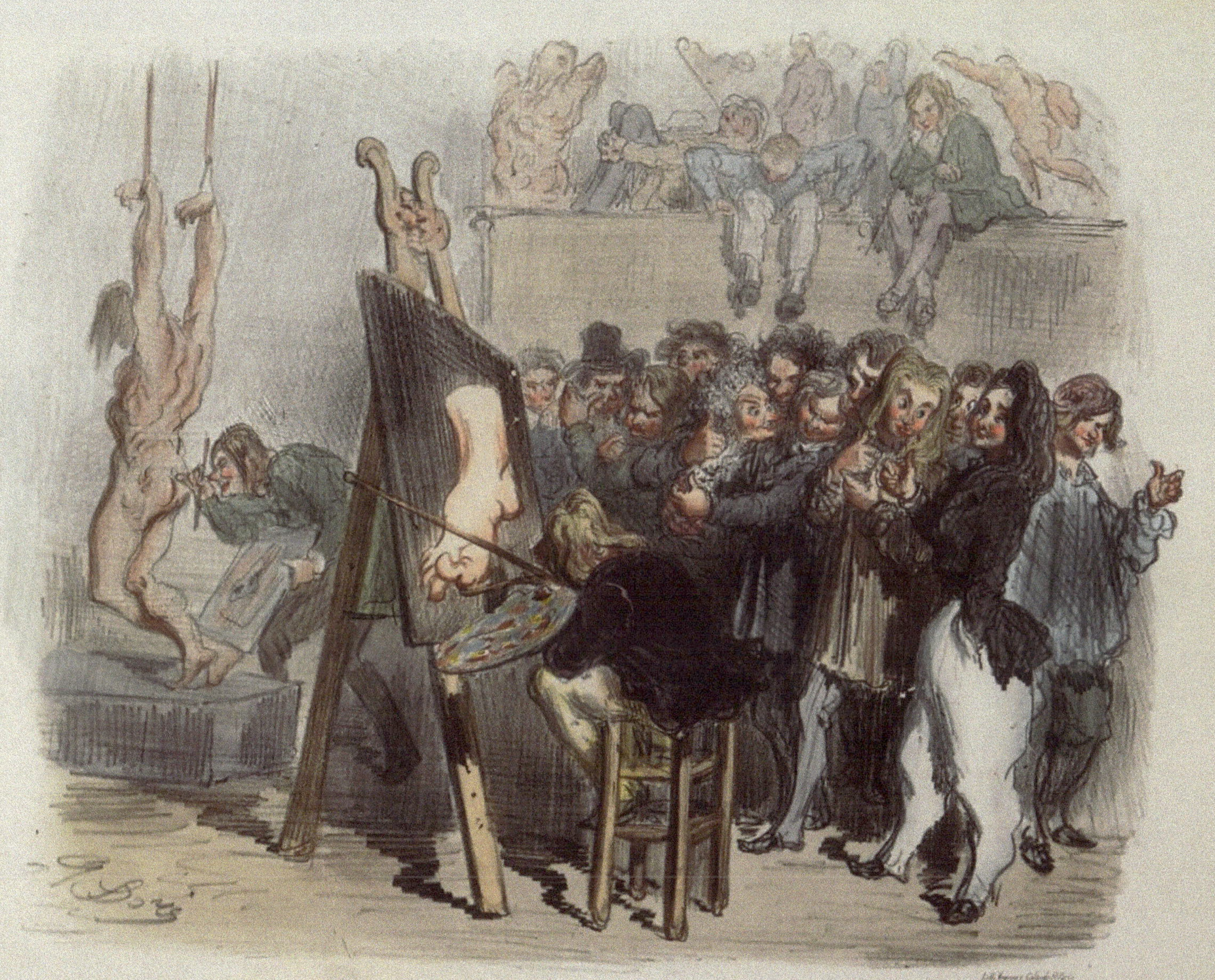

Rats peintres (alias rapins).

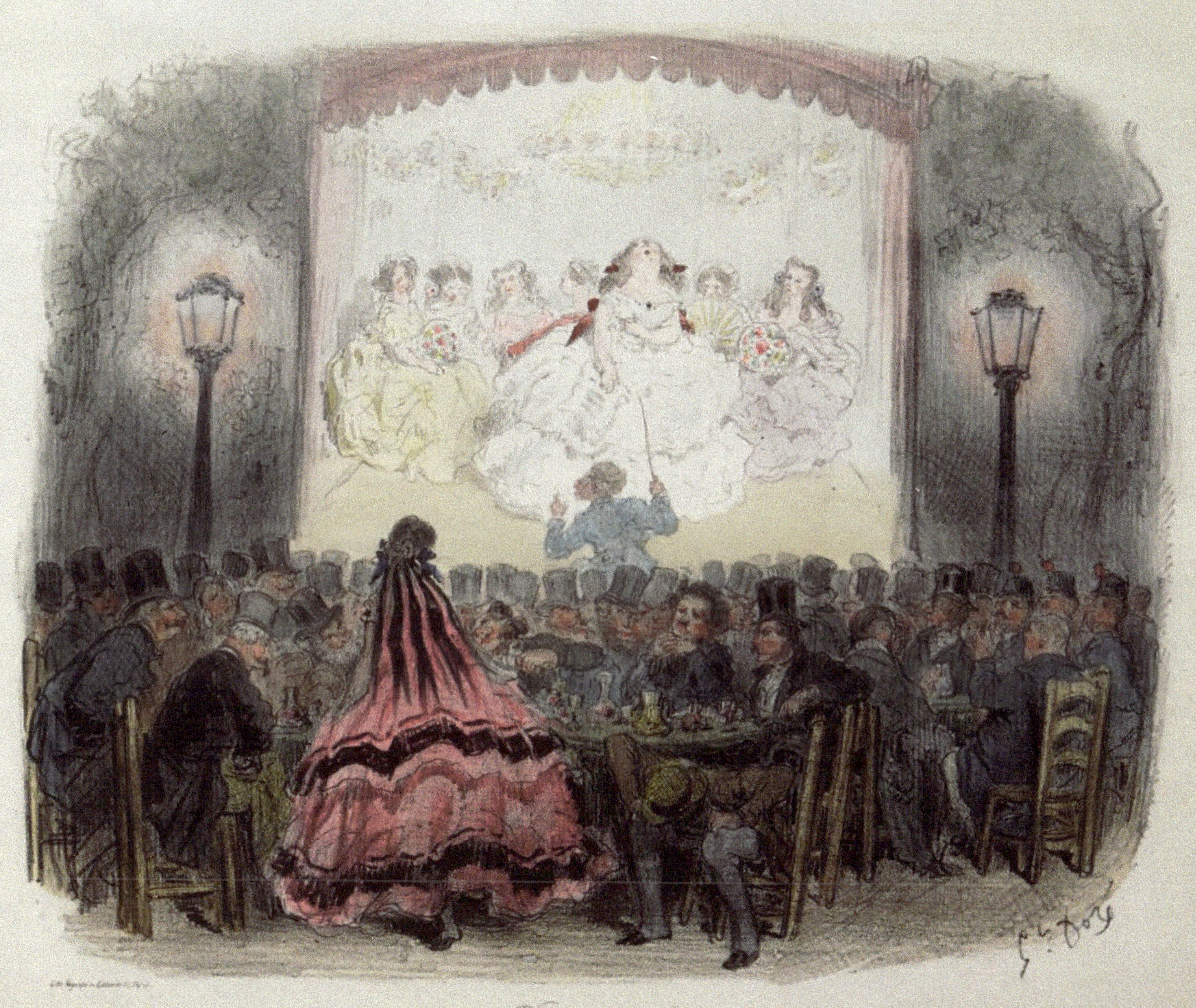

Rats de Jardin

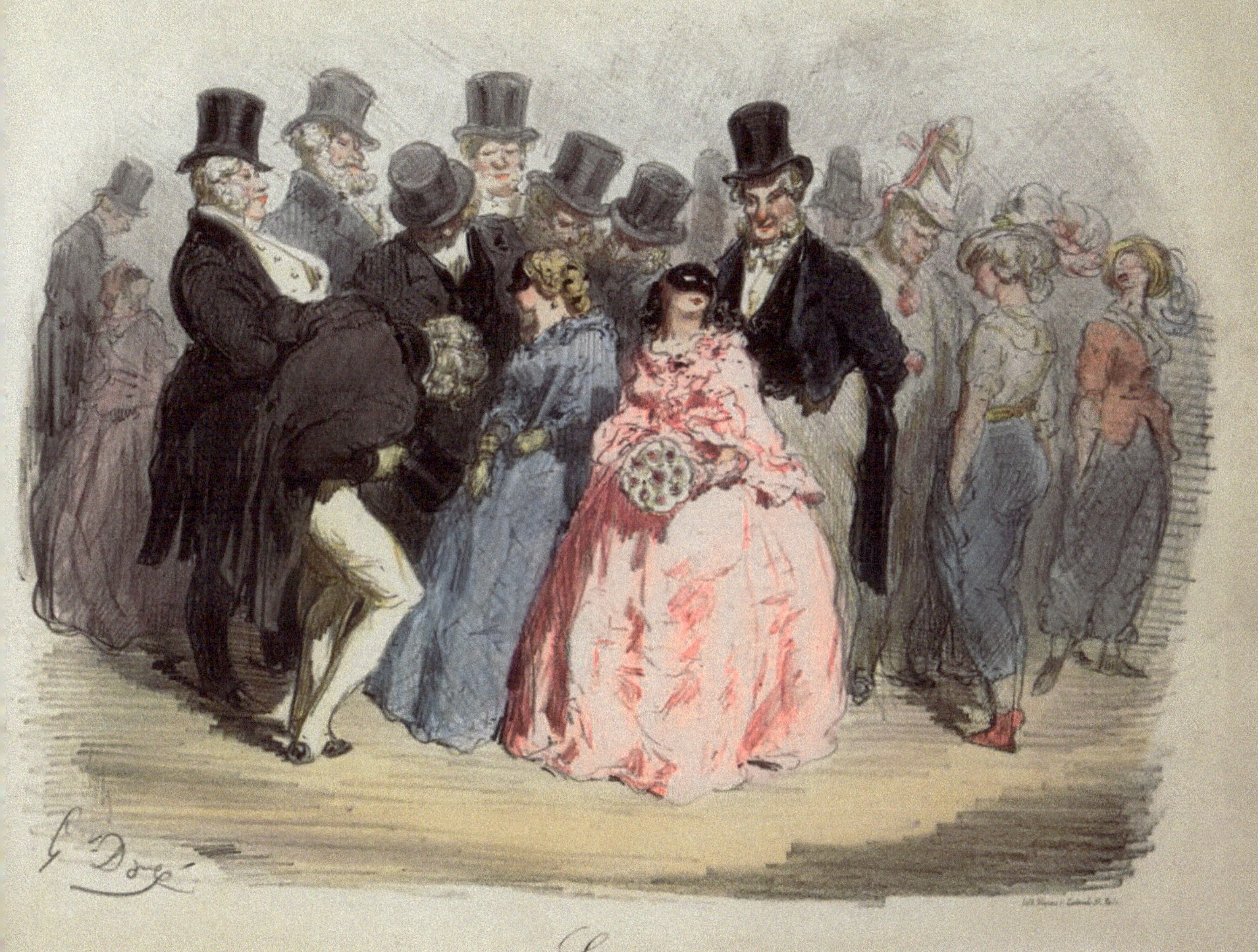

Loups.

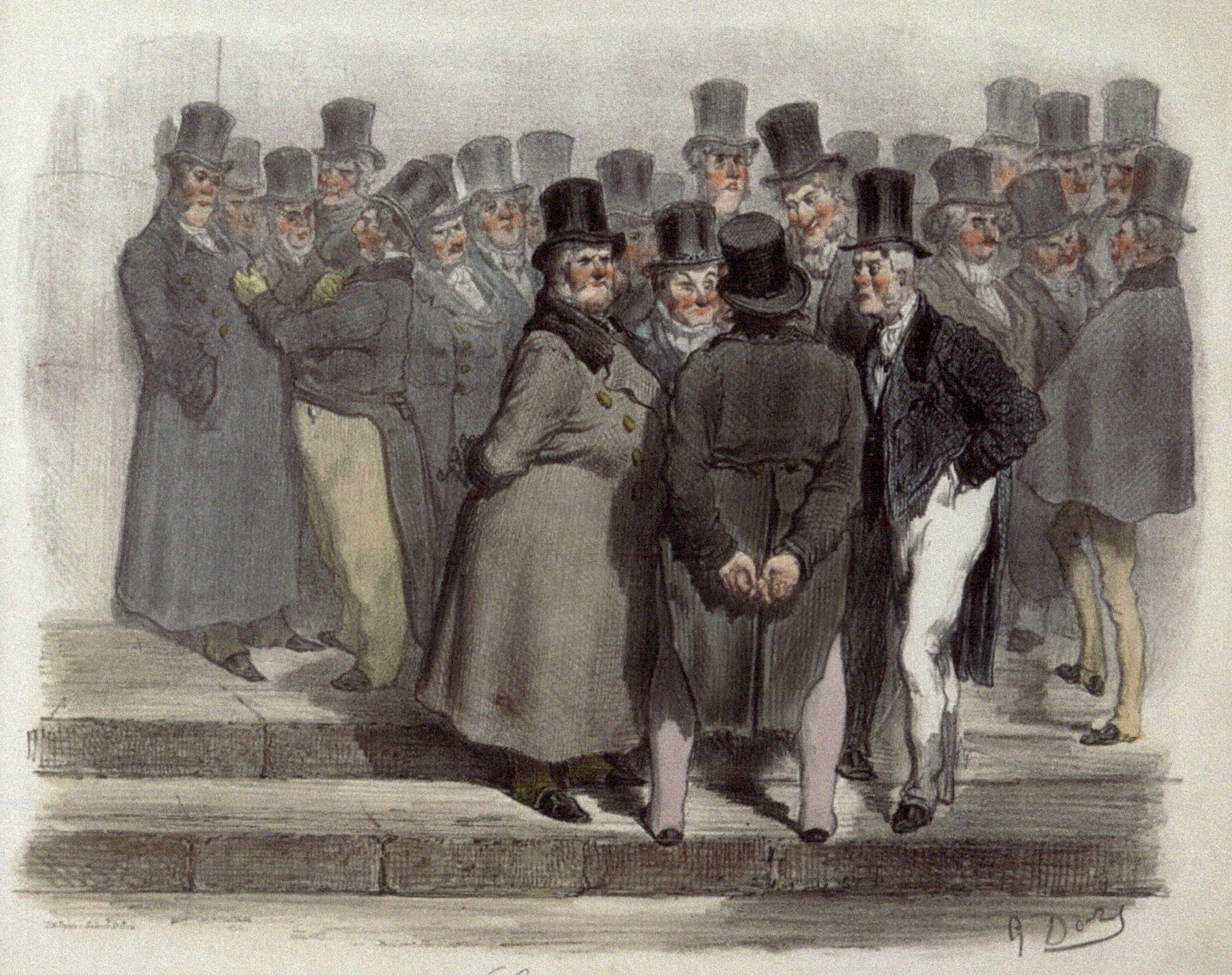

Loups cerviers

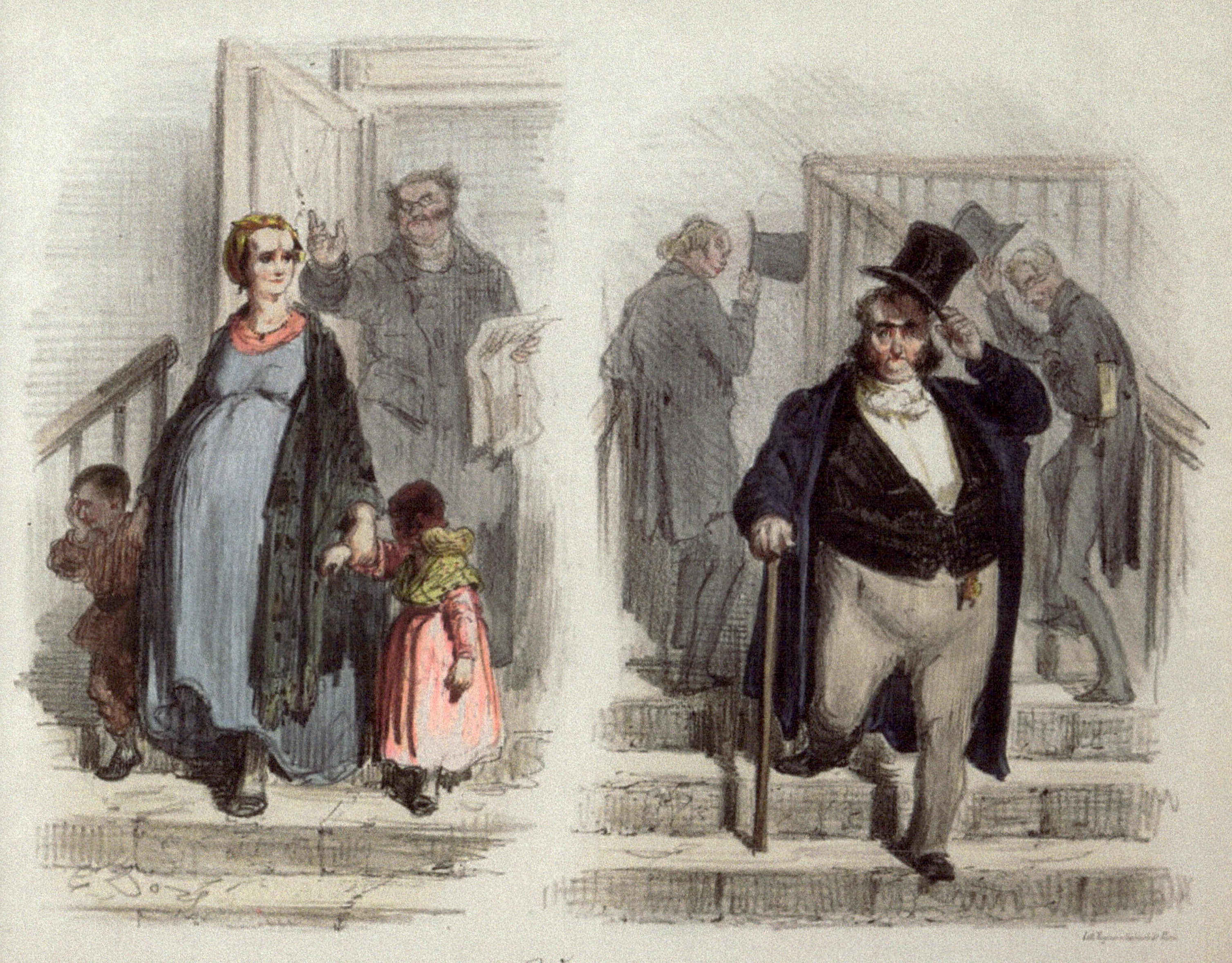

Vautours

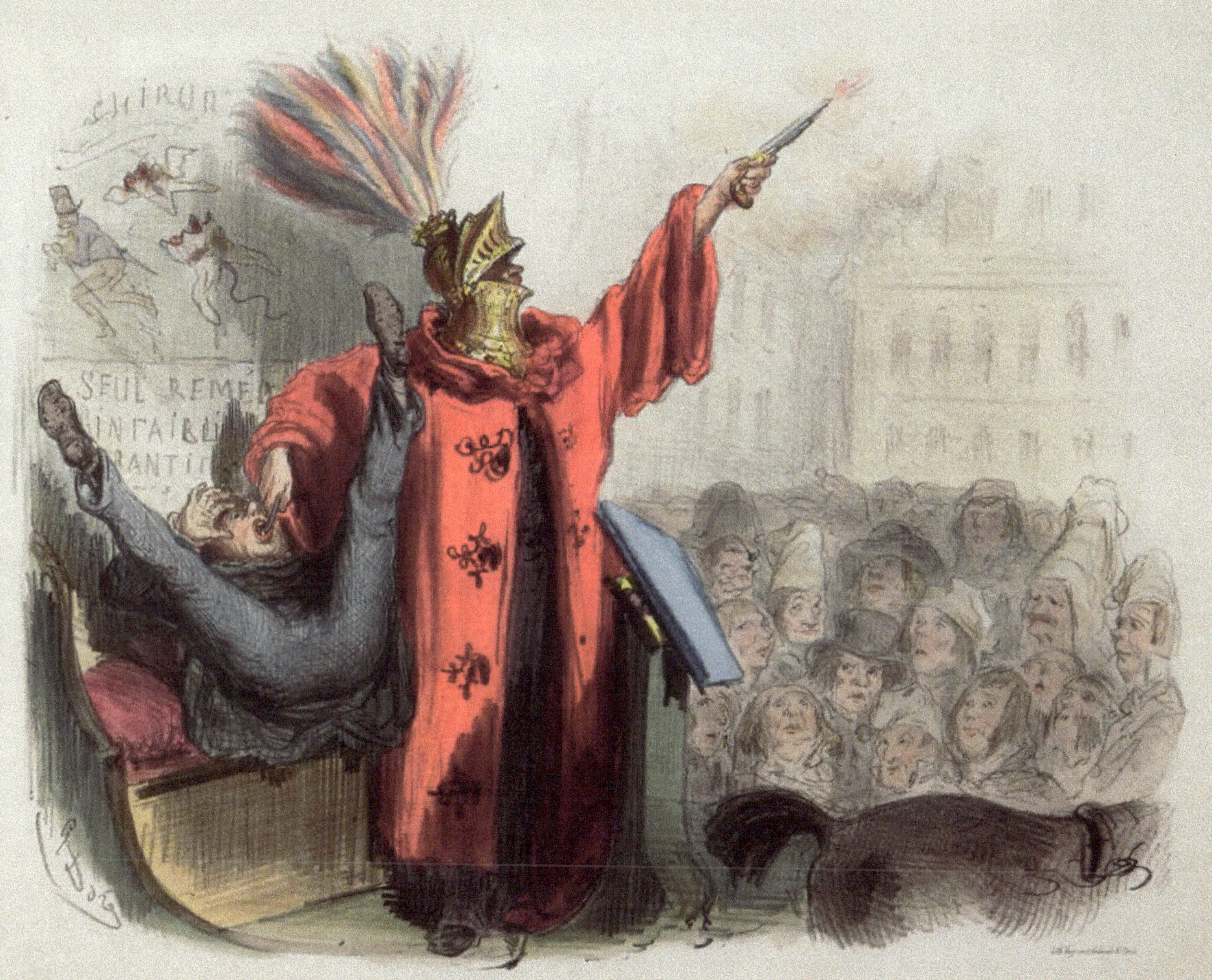

Les dindons et les oies.

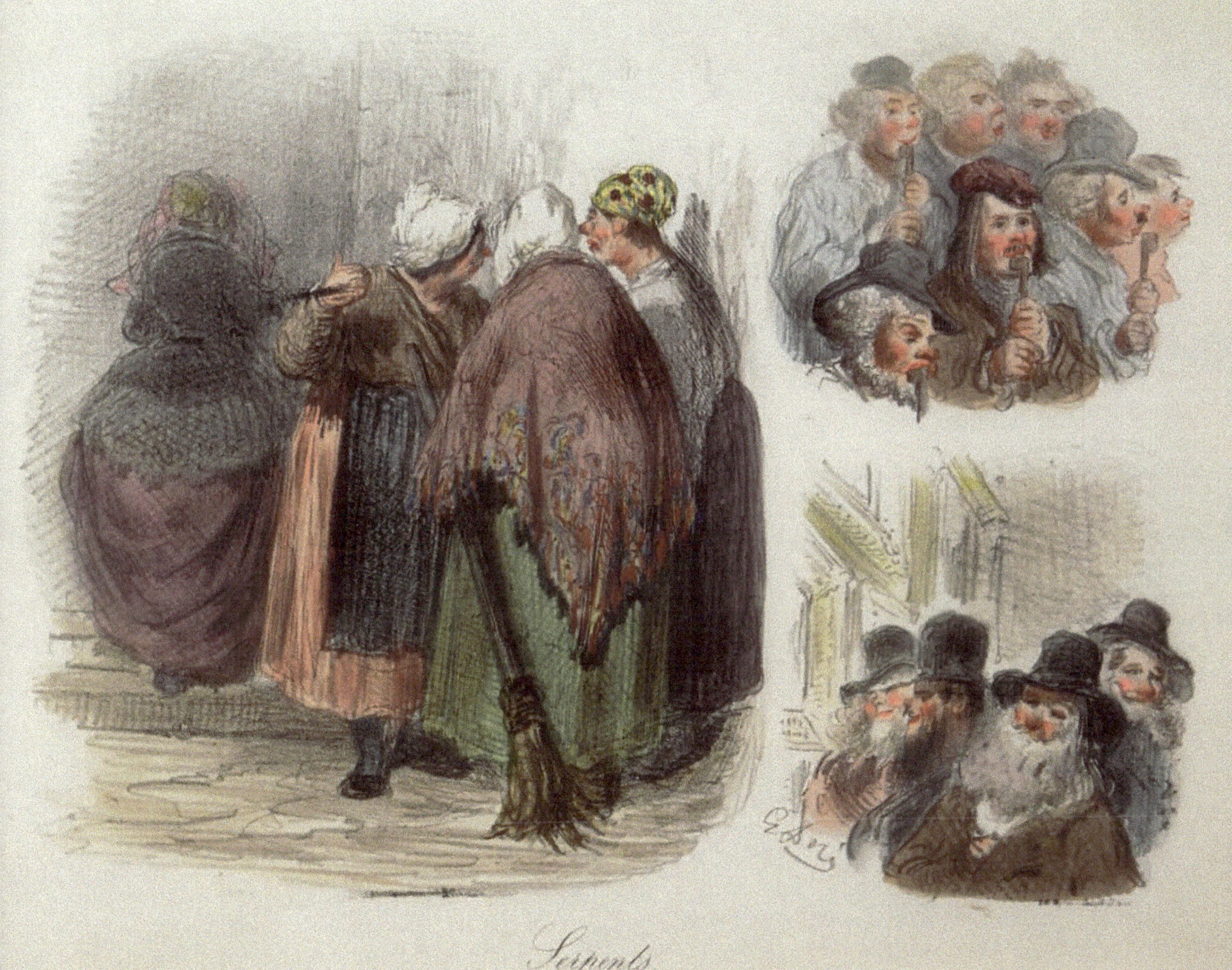

Serpents

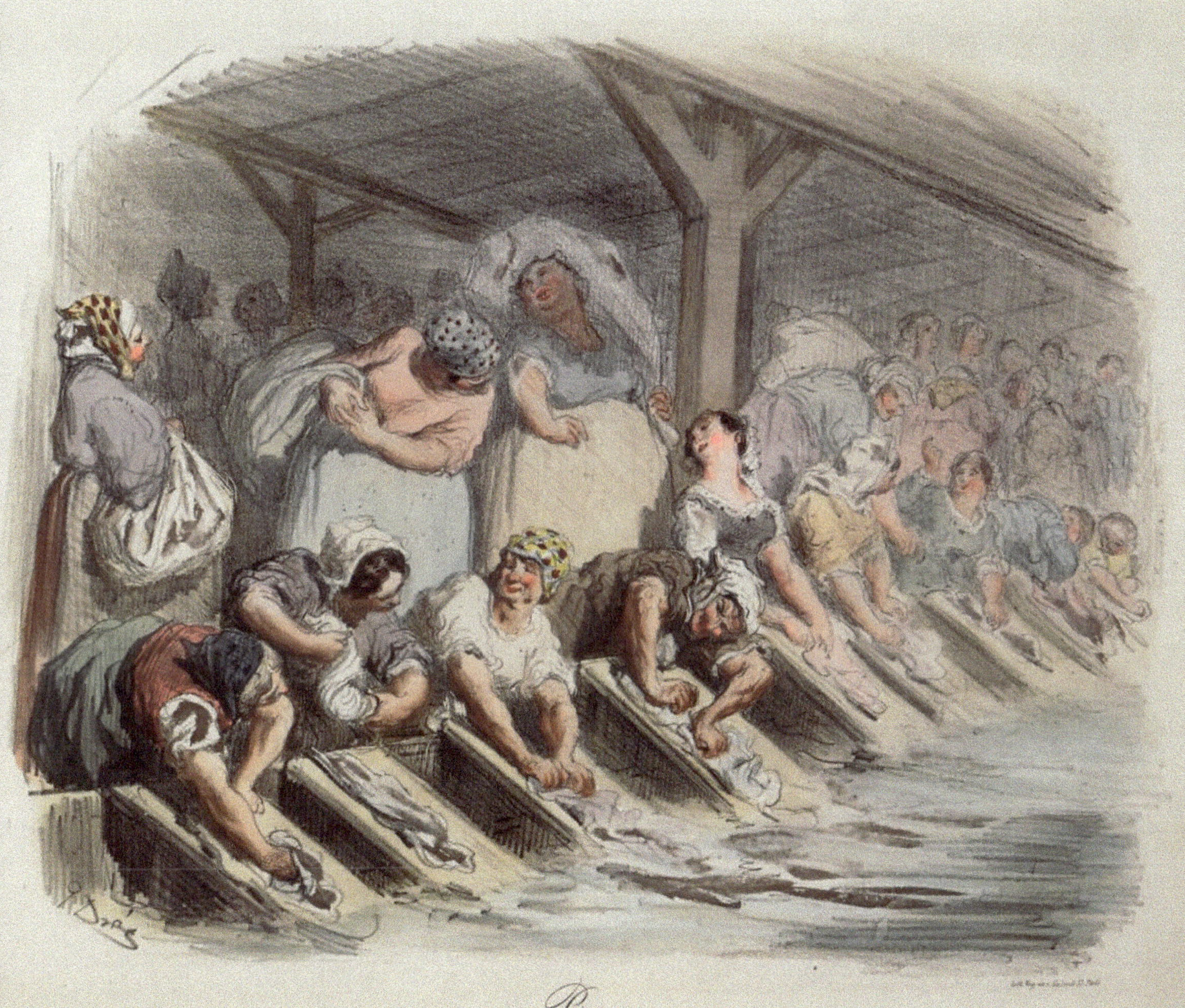

Pies

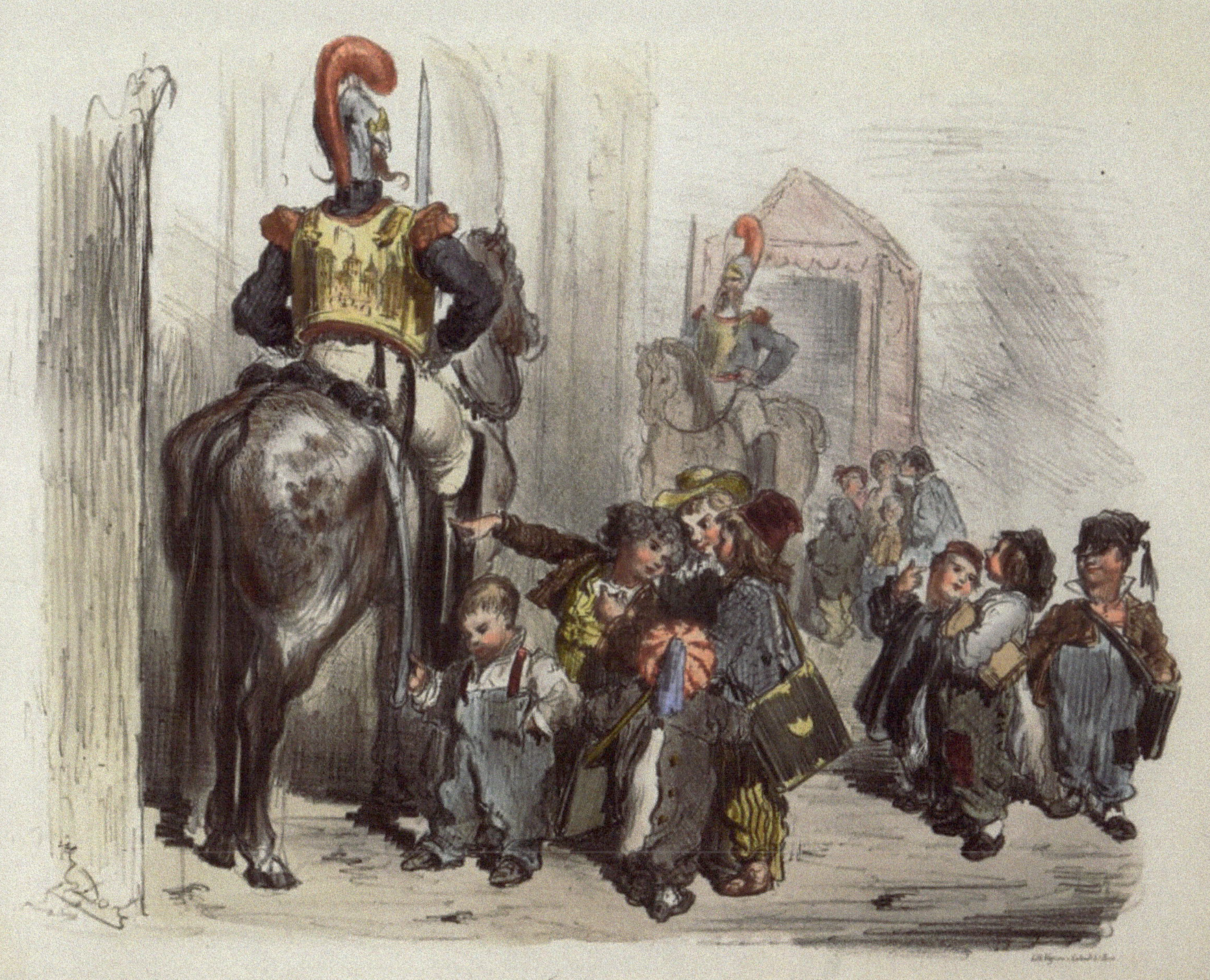

Crapauds

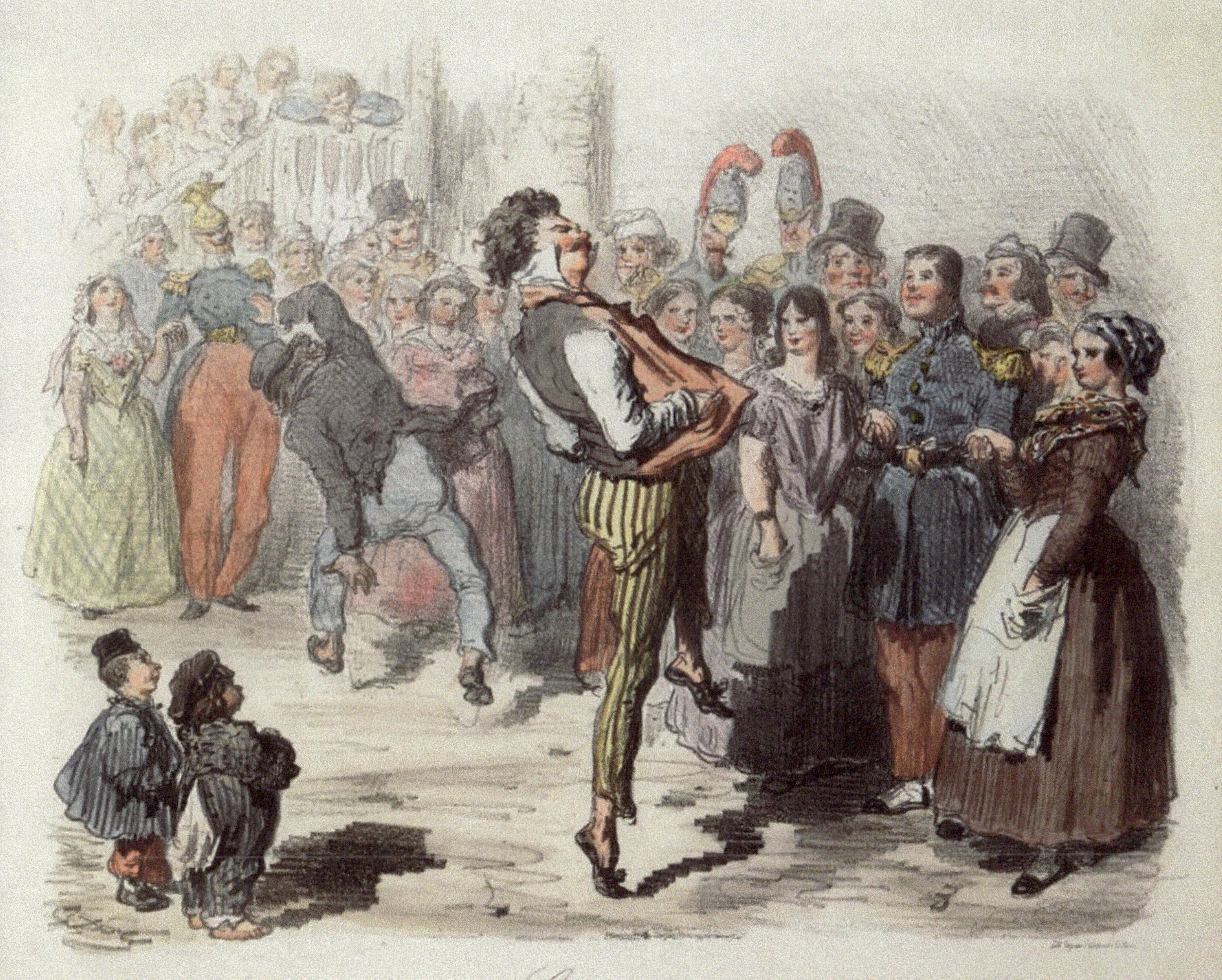

Coq (de barrière)

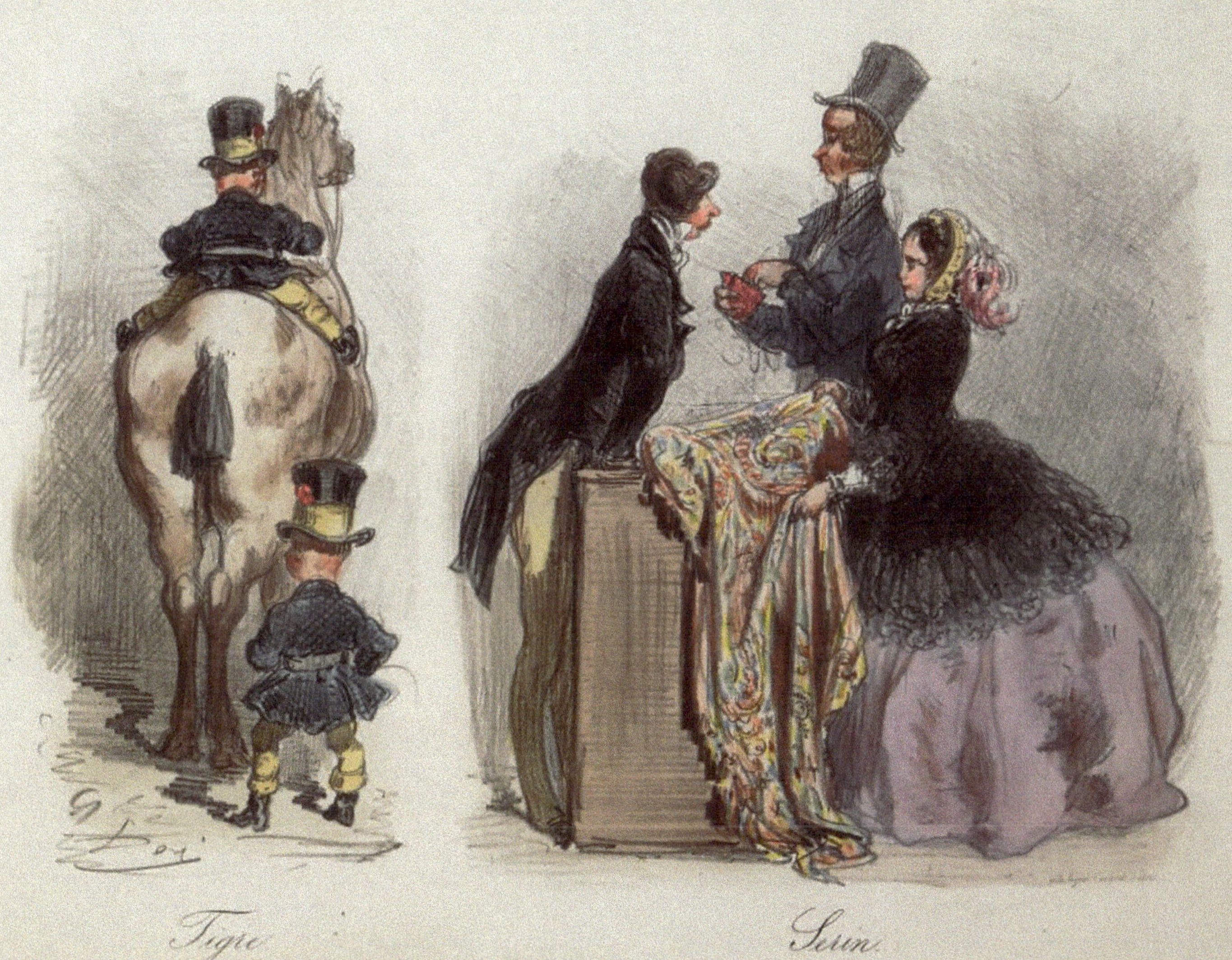

Tigre. Serin.

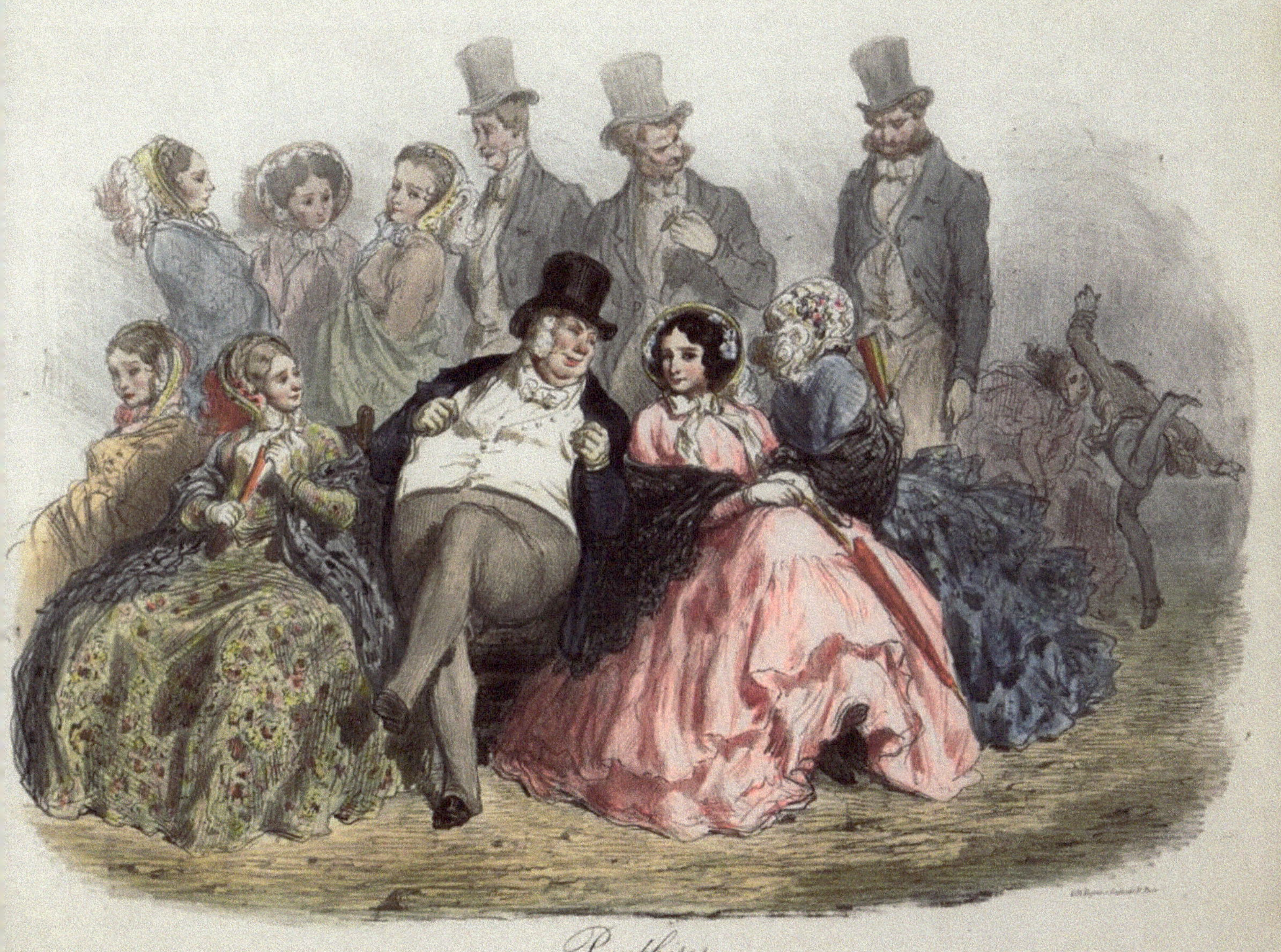

Panthères.

(Animaux féroces qui dévorent les chateaux, les fermes, les terres et les rentes)

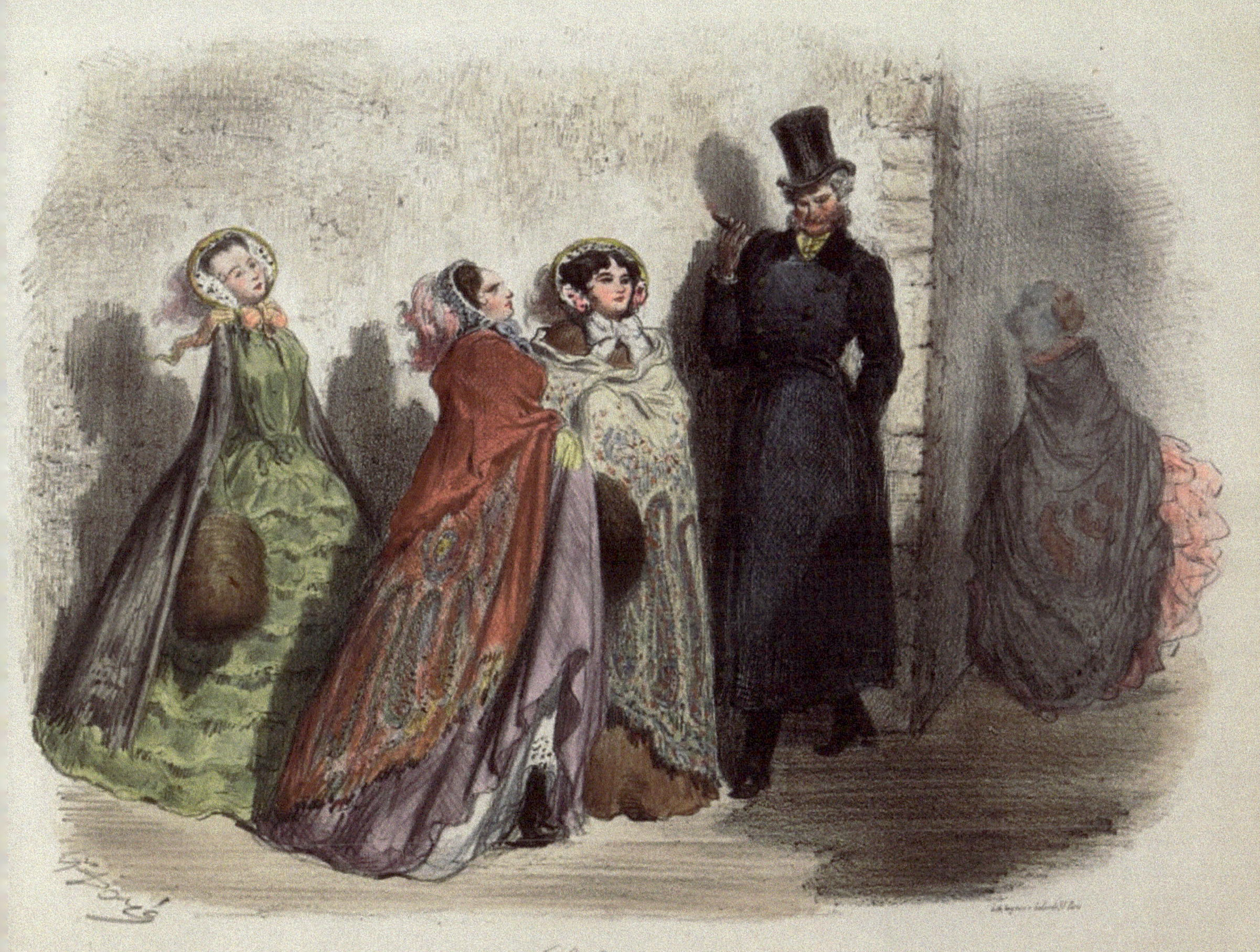

Chouettes.

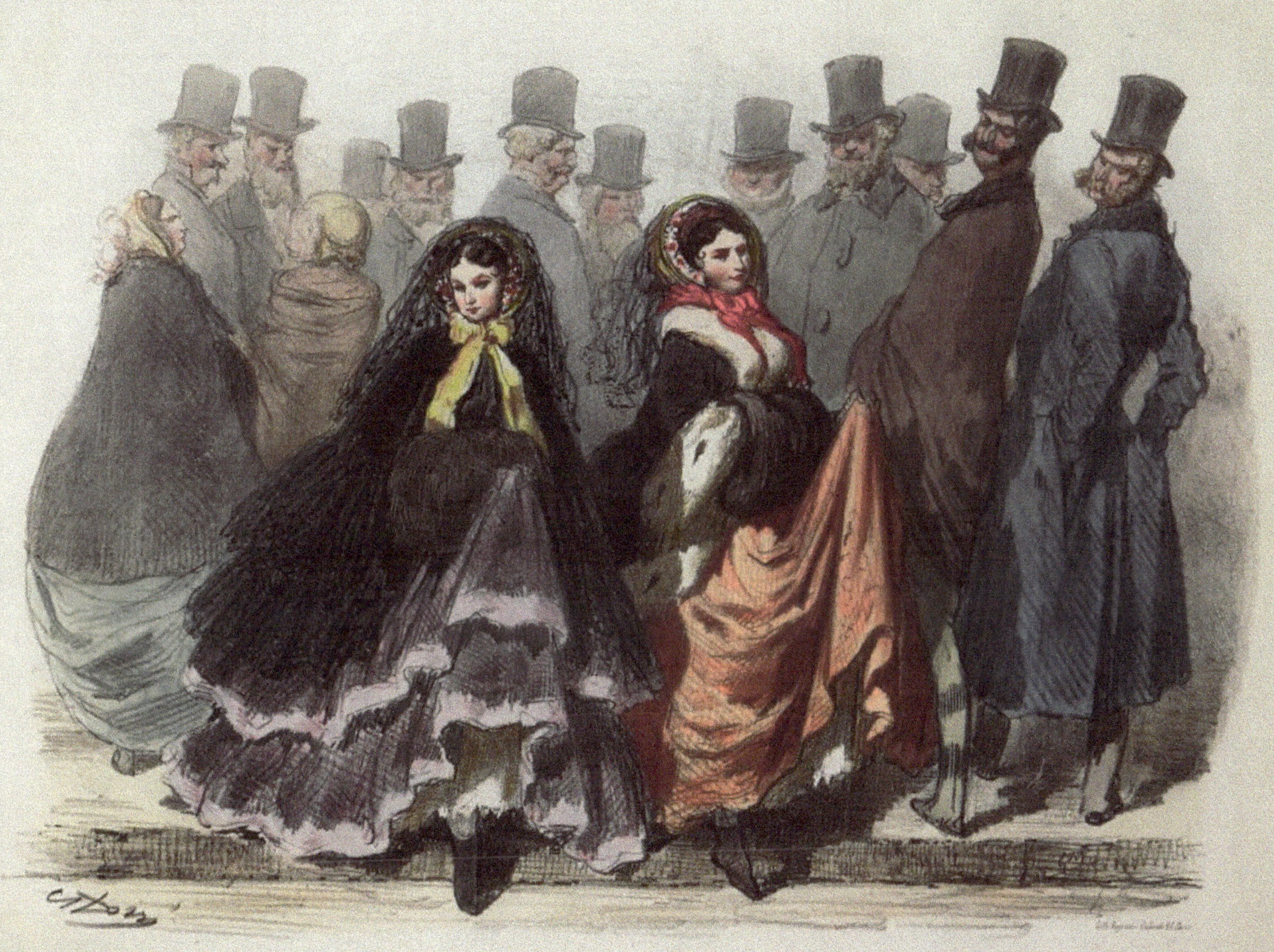

Vieilles Panthères

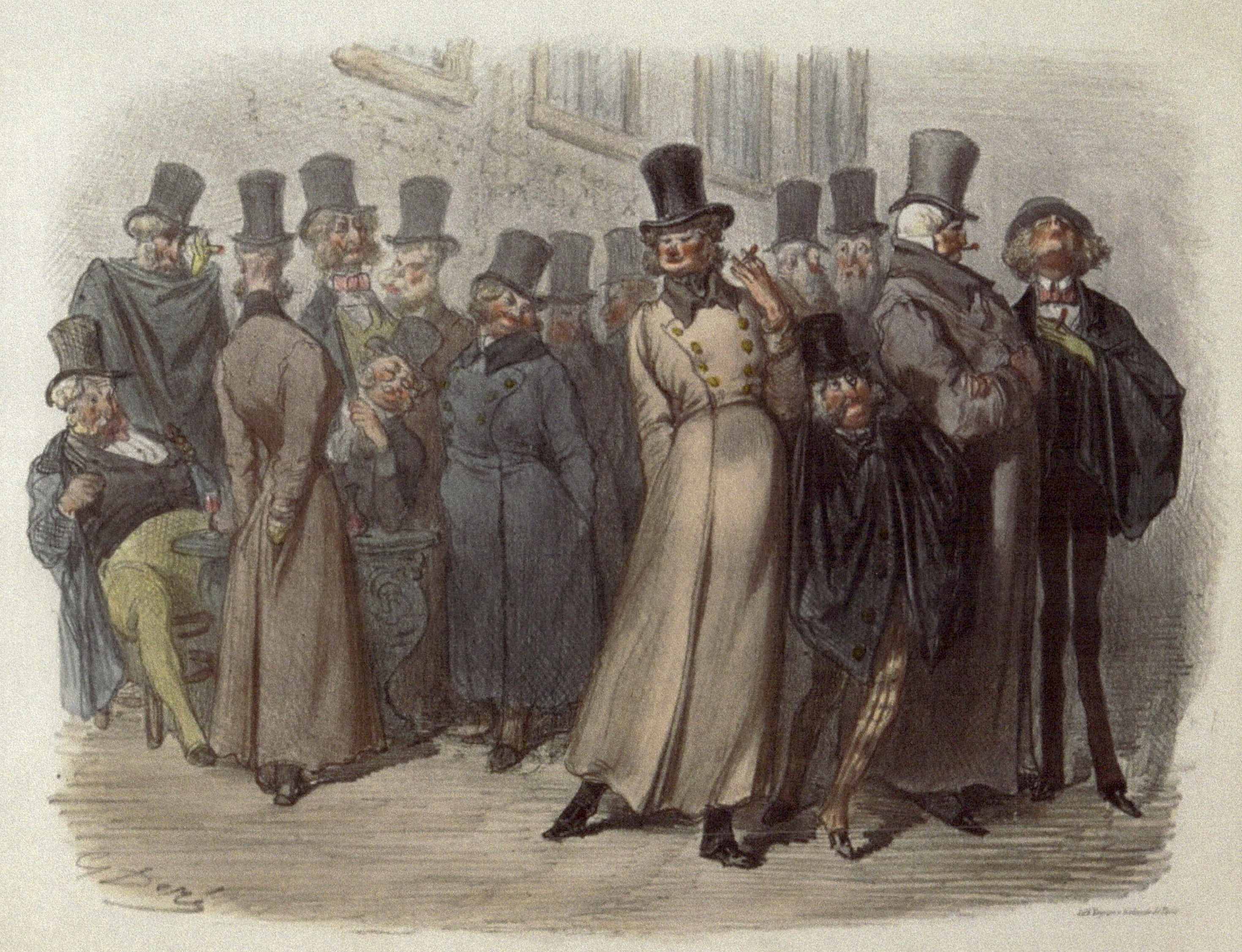

Buses.

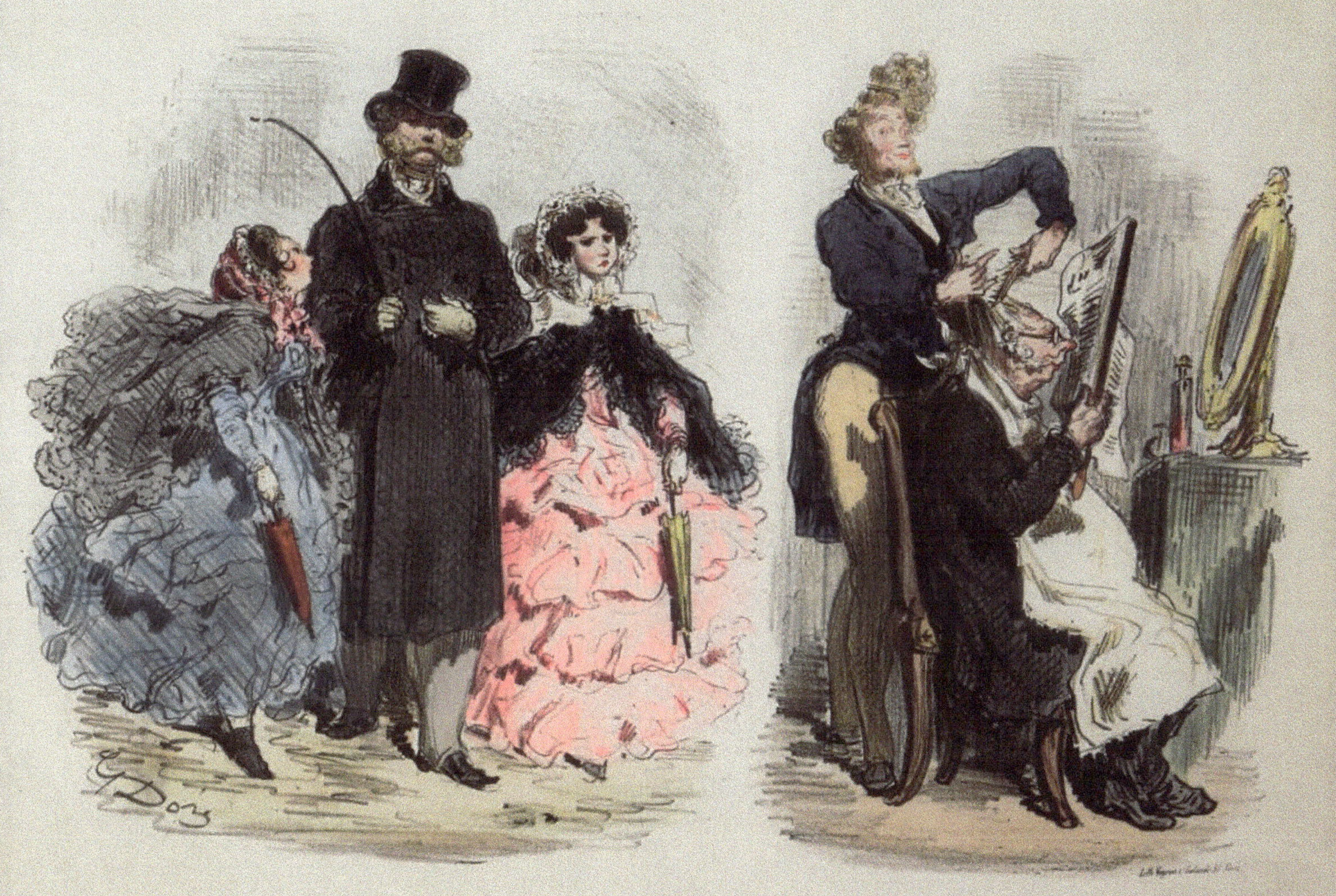

Oiseau de proie.

Merlan.

Achevé d'imprimer en Angleterre
par Lightning Source UK

www.ingramcontent.com/pod-product-compliance
Lightning Source LLC
LaVergne TN
LVHW070400230826
846093LV00017B/547
* 9 7 8 2 0 1 3 7 2 9 4 5 1 *